AF322210

Elections des Deux-Sèvres.

PÉTITION

AUX DEUX CHAMBRES,

SUIVIE

1° De la plainte déposée au Conseil d'État, pour la mise en jugement de M. le Marquis de ROUSSY, préfet du département ;

2° De la correspondance avec S. E. le Ministre de l'intérieur, relativement à la demande en rectification des listes électorales, formée par cinquante-sept électeurs du même département.

A MESSIEURS LES MEMBRES

DE LA

CHAMBRE DES DÉPUTÉS (1).

HONORABLES DÉPUTÉS ,

LORSQUE naguères nous combattions avec persévérance et dévouement pour obtenir, dans notre département, des choix qui représentassent les besoins du pays, lorsque nous avions chaque jour à repousser les dénis de justice du préfet, une espérance nous soutenait dans nos efforts; nous connaissions les vœux de la France, nous savions que plus tard nos plaintes seraient accueillies à la tribune, nous savions qu'un temps devait venir, où les méditations du législateur ne resteraient pas seulement marquées sur le papier, et où les fonctionnaires de tous les rangs placeraient, au nombre des devoirs les plus vulgaires, l'obéissance à cette Charte qui a reçu leurs sermens et les nôtres. Voici nos griefs.

(1) La pétition déposée à la Chambre des Pairs, est conçue dans les mêmes termes.

La publication irrégulière de la liste d'office a fait sentir la nécessité de provoquer des radiations et des inscriptions ; à cet effet, cinq requêtes ont été présentées à la préfecture, qui n'a fait droit qu'à quelques réclamations.

Le 15 août, M. Achille-Jacques de Grimouard a été porté sur la liste pour un cens de 1,247 fr. 18 c. de contributions. Le 20, mémoire a été adressé au préfet, pour qu'il eût à prendre, en conseil de préfecture, un arrêté qui diminuait le cens du doyen des conseillers. Cette demande a été renouvelée quatre fois sans succès. Le dernier tableau de rectification a appris enfin que M. de Grimouard consentait à n'être plus que du collége d'arrondissement. Pendant que M. Achille-Jacques descendait au petit collége, son frère, juge de paix du canton de Frontenay, se laissait élever au double vote. Il ne figurait sur la première liste que pour 646 fr. 44 c., et il en a reçu 1,239, lorsque les réclamations ne pouvaient plus être accueillies. On sait que son fils majeur a des droits acquis, qu'il n'a plus la jouissance des biens de sa fille, qu'il devait toute sa fortune à son épouse, et que jamais il n'a payé par lui-même une somme aussi considérable.

M. de Grimouard (Abel-Joseph) a sollicité et obtenu un *certificat de besoin* pour recevoir de l'État une *pension alimentaire*; dans quelles communes s'est-il donc procuré un cens de 632 fr. 20 c.?

M. Auguste Montault, juge au tribunal de Niort, est inscrit pour un cens de 404 fr. 80 c.; ses biens sont situés dans l'arrondissement de Loudun, ils paient 193 fr. 59 c.

M. Pierre-César-Guillemot Deliniers, sous-préfet de Melle, a été conservé sur la liste, comme payant 600 fr. de contributions foncières dans les Deux-Sèvres, où il ne possède absolument rien. C'est en vain qu'on a rappelé à l'autorité les dispositions de la loi; toutes les réclamations ont été méprisées.

M. Dubreuil, juge de paix à Poitiers, paraît avoir un cens de 346 fr. 20, quand il est de notoriété publique que ses impôts s'élèvent à peine à 100 fr.

Tous ces Messieurs ont émis leur vote, et les deux derniers, malgré les observations qui leur ont été adressées au moment de le déposer dans l'urne. Ils n'ont pas imité la conduite de M. Jules Bouchet-de-Martigny, qui, ayant été officieusement inscrit sur les deux listes, quoiqu'il n'eût pas trente ans, a loyalement refusé d'usurper un titre qui ne lui appartient pas encore, et a par-là fait tomber toute la fraude sur l'administration. M. Chabot, procureur du roi à Bourbon, a voté dans la Vendée, et il a été établi, par le marquis de Roussy, sur le tableau du 13 novembre. M. Chabot venait d'avoir trente ans; il fallait donc qu'il eût justifié de son âge à la préfecture des Deux-Sèvres, et cependant il n'avait adressé ni son extrait de naissance, ni les 1,518 fr. de contributions qui lui ont été attribués.

M. Lamarque, sous-préfet de Chatellerault a été maintenu sur la liste des deux colléges, et il a voté dans la Vienne. M. Morisset, adjoint de la commune de Deyrancon, avait été réservé pour le tableau du 13 novembre, interrogé par plusieurs électeurs, au moment de voter, il a avoué qu'il ne payait pas le cens, et s'est retiré.

M. Roy, de Pierrefitte, fut placé sur la liste du premier arrondissement, sous le n° 263. Il fut retranché, sur les observations de plusieurs électeurs. Il devint, le 29 octobre, chef du jury qui condamna à mort trois faux monnoyeurs. L'avocat demande à la préfecture un certificat de radiation ; il est refusé. M. de Roussy sent que son caprice peut avoir des suites graves, que, si l'arrêt est cassé, le blâme retombera sur sa tête. Il reporte M. Roy sur le tableau de rectification du 8 novembre.

Ainsi, il ne payait pas le cens le 7 octobre, et il est inscrit pour 321 fr. 43 c., un mois plus tard.

M. Bordier ex-maire de Soudan, riche propriétaire, figurait sur la liste d'office pour un
cens de 1,389 fr.; il avait envoyé pour près de
2,000 fr. de contributions, et le préfet a mis : *n'a
justifié que jusqu'à* 311 *fr.* 67 *c.;* moyen assuré
de l'empêcher d'être du grand collége.

M. Daniault, propriétaire à Celles, s'est vu
enlever de la même manière la moitié de ses impôts.

Sur le tableau publié le 27 septembre, M. Jean
Roux, de Sauvigny, éligible, est retranché comme
ne payant pas le cens, et le 19, 476 fr. avaient été
remis en son nom, dans les bureaux de la préfecture.

Plus de quarante électeurs qui avaient fait
parvenir leurs titres par leurs maires, soixante
dont les droits sont rapportés dans la requête
qui a été présentée au Conseil d'État, afin d'obtenir l'autorisation de poursuivre le marquis de
Roussy, en attentat à l'exercice de leurs droits
civils et politiques, ont été omis ou radiés; et la
conduite de la préfecture à cet égard, a rappelé
le scandale des élections de 1824.

L'article 5 de la loi du 2 mai porte, que nul ne
pourra cesser de faire partie des listes qu'en
vertu d'une décision motivée, ou d'un jugement
contre lequel le recours où l'appel auront un

effet suspensif. Cependant aucunes décisions mo-
tivées n'ont été notifiées aux ayant-droits. Le
17 novembre, deux huissiers, commis sur requête, se présentèrent à l'hôtel de la préfecture,
pour faire sommation à M. de Roussy d'avoir à délivrer des cartes. Il leur fut impossible de pénétrer jusqu'au préfet; ses appartemens ne s'ou-
vraient pas pour la justice.

L'article 2 de l'ordonnance du 4 septembre 1820,
qui enjoint aux préfets de notifier immédiatement
aux parties les arrêtés qui doivent être pris dans
les cinq jours de la remise des pièces, l'article 4
de l'ordonnance du 27 juin dernier, qui veut que
la décision soit rendue le jour même de la réception des titres, sur ceux qui seront fournis dans
les derniers cinq jours, ont été ouvertement vio-
lés dans les Deux-Sèvres, et les électeurs que l'arbitraire a frappés, ignorent encore les motifs de
leur exclusion.

Vous écouterez nos plaintes, honorables députés; vous demanderez aux ministres s'ils veulent protéger pendant long-temps encore ces
fonctionnaires qui violèrent tant de fois nos lois
les plus chères, et qui ne portent plus que la
désaffection sur leur passage. Qu'ont-ils fait de la
confiance publique? Dépouillés de toute force
morale, rejetés par l'opinion, seuls avec leurs

actes et leurs fraudes, ils ne peuvent plus rester à la tête d'un département qui veut là même protection et les mêmes garanties pour tous.

Nous sommes, avec un profond respect,

Honorables députés,

Vos très-humbles et très-obéissans serviteurs.

Niort, le 17 janvier 1828.

Ont signé :

MM. *Charles*, élect.; *Clerc-Lasalle*, élect.; *Barré-Baud*, élect.; *Barbette*, élect.; *Masson*, élect.; *Pastureau*, élect.; *Arnaud*, des deux coll.; *T. Proust*, des deux coll.; *Lasseron*, élect.; *Proust aîné*, des deux coll.; *J. Decemme*, élect.; *Chabosseau*, des deux coll.; *Charlot*, des deux coll.; *Texier*, élect.; *Goichon*, des deux coll.; *Albert*, des deux coll.; *F. Proust*, élect.; *Elies*, des deux coll.; *Clerc-Lasalle père*, ex-député, des deux coll.; *Herissé*, des deux coll.; *Liège*, des deux coll.; *Proust père*, des deux coll.; *A. Daguin*, élect.; *Cardinal*, élect.; *A. Bernard-Chambinière*, élect.; *Lucas*, élect.; *Richard-Chassereau*, élect.; *E. Bernard-Chambinière*, élect; *Bernard-Chambinière aîné*, des deux coll.; *D. Texier*, élect.; *A. Nourry*, élect.; *G. Hubert*, élect.; *B. Laurence*, des deux coll.; *F. David*, des deux coll.; *Hémon*, des deux coll.; *H. Jousseaume*, élect.; *Raymot*, élect.; *Bodin*, des deux coll.; *Bardonnet*, des deux coll.; *Chrétien*, des deux coll.; *Taillefert*, des deux colléges; *Michelin*, des deux coll.; *A. Corbin*, élect; *Martineau*, élect.; *Fontaneau-des-Essards*, élect.; *Guichard*, élect.; *Alonneau aîné*, élect.; *Bordier*, des deux coll.; *R. Charlot*, des deux coll.; *Lepiller*, élect.; *Fauchereau*, élect.; *Albert*, des deux coll.; *Roy*, élect.; *Lachalerie*, élect.; *Lacroix*, élect.; *Girault-Lingreinière*, élect.; *Pasquier*, élect.; *Christin père*, élect.; *Ecarlat*, élect.

AU ROI,

EN SON CONSEIL.

RECOURS

Pour M. **AUGUIS** (Pierre-René), propriétaire et homme de lettres, demeurant à Melle;

M. **GAULTREAU** (Henri), propriétaire et adjoint de la commune d'Avreilles;

Et M. **MOUNIER** (Étienne), officier de santé, demeurant à Fontenay.

Sire,

Les exposans demandent à Votre Majesté la mise en jugement du sieur Marquis de Roussy, pour attentat à l'exercice de leurs droits civiques, crime prévu par l'art. 114 du Code pénal.

FAITS.

Le 25 septembre 1827, des pièces constatant que M. Mounier payait 514 fr. d'impôts directs, et avait l'âge requis, ont été déposées en son nom à la préfecture des Deux-Sèvres par MM. Proust aîné, électeur du grand et du petit collége, Clerc-Lasalle fils, avocat, et Pastureau, ancien conseiller de préfecture, tous deux aussi électeurs, pour servir à son inscription sur la liste définitive.

Le 27 du même mois, une seconde production a été faite par les mêmes, dans le même but, prouvant que M. Auguis payait 824 fr. 72 cent. d'impôts, et qu'il avait d'ailleurs l'âge requis.

Le 27 septembre, une troisième production a été faite, dans le même but, à l'égard de M. Gaultreau, pour 1175 fr. 78 cent. d'impôts, par M. Pastureau, son voisin, en présence de MM. Proust aîné, Clerc-Lasalle fils, Alloneau Desfrancs, et Arnaut-Rochetau, qui en déposeront en justice.

M. Gaultreau était porté d'office sur la liste, comme devant faire partie des deux colléges; il a été rayé, comme n'ayant pas fait ses justifications, par la liste officielle du 7 octobre ; aucun arrêté ne lui a été notifié.

Les noms de ces trois citoyens n'ont pas figuré sur la liste électorale; de plus, le préfet s'est refusé à rendre les pièces, ainsi qu'il résulte d'un acte du 26 octobre, certifié par trois citoyens notables, qui seront entendus en justice.

Depuis l'ordonnance du 5 novembre, M. le préfet n'a rien fait pour réparer sa faute.

Plainte a été déposée par eux devant M. le juge d'instruction de l'arrondissement de Niort, avec déclaration qu'ils se portaient parties civiles, les 5, 7 et 8 novembre 1827. Nous en produisons les certificats authentiques.

La justice informe sur ces plaintes. Mais, comme M. le procureur général près la Cour royale de Poitiers pourrait ne pas saisir le Conseil d'État de la demande, les exposans, après avoir rempli les formalités préalables, exigées par le décret du 9 août 1806, doivent se pourvoir directement au conseil de Votre Majesté, sauf à répéter plus tard, contre qui de droit, la restitution des frais que cette poursuite va nécessiter, et à invoquer la franchise établie par la décision royale du 7 mai 1817.

M. le préfet des Deux-Sèvres a violé ouvertement les lois de la matière; tel est le premier point à établir.

Il les a violées sciemment, et dans l'intention de priver des citoyens de l'exercice de leurs droits civiques ; telle sera la seconde partie de notre discussion.

§ I. — *Violation de la loi.*

La loi du 2 mai 1827 dit, dans son art. 2, que le préfet dresse, le 1er août de chaque année, la liste des électeurs et des jurés.

L'art. 4 porte, que les réclamations formées contre la rédaction des listes doivent être inscrites au secrétariat-général de la préfecture, selon l'ordre et la date de leur réception.

L'art. 5, que nul ne peut cesser de faire partie des listes qu'en vertu d'une décision motivée, contre laquelle le recours est suspensif.

Enfin, l'art. 6, qu'en cas de convocation des Chambres dans les deux mois de la publication de la liste, il sera publié une liste rectificative.

L'ordonnance réglementaire du 27 juin porte, art. 4, que les décisions des conseils de préfecture seront rendues le jour de la *réception* des pièces, dans les cinq jours qui précèdent la clôture de la liste; et l'art. 5, que toutes décisions prises, soit avant la clôture, soit ultérieurement, devront être immédiatement notifiées aux parties intéressées, par l'entremise des maires.

La loi veut d'abord que les préfets inscrivent d'*office* sur les listes, tous les citoyens capables, et ce, d'après la notoriété publique, d'après les registres de perception et les listes précédentes du jury.

S'ils manquent à ce devoir, ils sont responsables ; car, s'il n'y avait pas réclamation contre ces omissions , les fonctions de jurés pourraient être dévolues à ceux qui n'auraient pas les capacités exigées par les lois et aux moins imposés, pour compléter le *minimum* de huit cents.

S'ils s'en abstenaient tout-à-fait (et la supposition doit être faite pour prouver l'absurdité du système que nous combattons), il pourrait n'y avoir pas un seul juré ; le cours de la justice criminelle serait suspendu, le Roi ne pourrait dissoudre la Chambre des députés et convoquer les colléges électoraux.

Le Moniteur, dans un article qui a paru le 8 novembre, a contesté le principe que nous venons d'établir sur l'inscription d'office. — « Où a-t-on trouvé cette obligation, s'est-il écrié? qu'on cite la disposition des lois qui la prescrit ! »

Où cela est-il écrit? dans le procès-verbal de la Chambre des Pairs.

M. le duc Decazes avait proposé un amendement sur l'art. 2 ainsi conçu :

« Cette liste (celle du 15 août) sera faite d'of-
« fice, et d'après celles qui seront fournies par
« les maires des communes, assistés du percep-
« teur, et des quatre plus imposés. »

Il est de droit, dit la Commission, que les listes doivent être dressées d'office.

Mais s'il en est ainsi, pourquoi donc plusieurs préfets ont-ils agi autrement? pourquoi, à Paris même, des électeurs portés sur des listes précédentes ont-ils été omis dans les listes formées postérieurement ?

Le noble duc insistait.

M. de Peyronnet répondit, sur la première partie de l'amendement, qu'une disposition nouvelle n'était aucunement nécessaire, que l'esprit des deux lois de 1817 et 1820 était bien certainement que les listes fussent formées d'office; mais que, si leur texte pouvait donner matière à quelques difficultés, ces difficultés ne sauraient se reproduire à l'occasion de la loi nouvelle, dont les expressions ne peuvent donner matière à aucun doute.

L'article dispose, en effet, que les préfets portent sur la liste toutes les personnes qui réunissent les capacités nécessaires. L'obligation des préfets est donc certaine. La première partie de l'amendement est inutile.

M. Decazes prit acte de la déclaration du ministre sur ce point; il ne s'occupa plus que de la seconde partie.

La formation d'office de la liste est d'autant plus nécessaire, qu'il ne faut pas que la composition des colléges des départemens soit altérée par la négligence des électeurs d'arrondissement à se faire inscrire.

M. de Villèle, président du Conseil, en repoussant la seconde partie de l'amendement, disait, que la garantie des citoyens était dans la responsabilité des préfets, dans la perpétuité d'une liste améliorée d'année en année par la réclamation des parties intéressées.

C'est par ces motifs que l'amendement tout entier fut rejeté.

Dans l'espèce, M. le préfet a donc manqué à son devoir et à la loi, en n'inscrivant pas d'office les trois citoyens dont il s'agit. S'ils eussent été absens, si l'on n'eût point produit pour eux, le pays aurait perdu trois jurés et trois électeurs.

Mais il a été mis en demeure de réparer cette omission, supposé qu'on voulût absolument la considérer comme involontaire. (Le contraire sera bientôt prouvé.)

Des productions ont été faites, peu importe par qui.

Car il est évident, en premier lieu, que les électeurs jurés ont droit de faire porter sur la liste un citoyen malgré lui, pour diminuer la charge du jury.

Ils n'ont pas moins d'intérêt à faire augmenter la liste des arrondissemens, pour que la liste départementale soit d'autant plus nombreuse, et la cote des contributions d'autant plus basse.

C'est ce que M. le duc Decazes a fait sentir

à la Chambre, et ce qui ne fut contredit par personne.

Le Conseil de Votre Majesté l'a reconnu, notamment par trois ordonnances des 11 et 15 juillet 1821, et 4 juillet 1822, citées par MM. Favard-de-Langlade, en son nouveau Répertoire, V° *Élections*, et de Cormenin, en ses Questions de droit administratif : ces deux publicistes sont membres du Conseil, ils en connaissent bien l'esprit et la jurisprudence.

Ainsi donc, M. de Roussy ne peut s'excuser sur ce que les pièces à lui remises ne lui ont pas été présentées par les électeurs en personne, mais par des tiers qui n'étaient pas porteurs de procurations authentiques.

Cette formalité n'est pas exigée par la loi, et ne pouvait l'être par les raisons que nous venons d'en donner.

Au reste, le mandat d'après le droit commun peut être donné par acte sous signature privée, pas simple lettre et même verbalement.

Une preuve que les supplians avaient donné un mandat de cette nature, c'est qu'ils ont réclamé contre le défaut d'inscription et rendu plainte.

L'article 173 du Code pénal dit, que les administrateurs se rendent coupables et s'exposent à une peine afflictive ou infamante, s'ils détournent les pièces et titres qui leur sont *remis* ou *communiqués* à raison de leurs fonctions.

M. le préfet ne prétendra pas sans doute qu'il n'a pas reçu les pièces ; au reste, la plainte rendue contre lui. porte sur l'art. 173 du Code pénal, aussi bien que sur l'art. 114.

La loi lui imposait l'obligation d'ouvrir un registre pour y consigner jour par jour les pièces produites ; M. le préfet a exigé qu'elles fussent remises chez son portier, afin de faire des économies sur ses frais de bureau.

Si M. le préfet avait au moins, lui ou son secrétaire, voulu recevoir les réclamations.....! mais sa porte était fermée.

Du principe de la permanence des listes, il résulte que M. le préfet devait réparer sa faute, et inscrire les citoyens exclus sur la liste additionnelle et rectificative, prescrite par l'ordonnance du 5 novembre, dans les cinq jours qui ont précédé l'élection, conformément à l'ordonnance du 4 septembre 1820.

A l'égard de M. Gaultreau, la radiation de l'inscription sur la liste du 15 août, sans notification d'arrêté à domicile, et par la formule, devenue banale dans plusieurs départemens, *n'a pas justifié*, est une violation matérielle et directe de la loi du 2 mai.

Et qu'on ne dise pas qu'il se trouvait dans un

cas exceptionnel ; la loi n'a fait aucune exception.

Il y a plus ; dans la discussion de cet article à la Chambre des Pairs, on a substitué les expressions, *nul ne pourra cesser de faire partie des listes*, à celles, *nul ne pourra être radié.*

Dans la discussion de l'art. 6, M. Decazes a pris de nouveau acte de ce qui avait été reconnu par le président du Conseil des ministres sur la perpétuité des listes. Il en résulte, selon le noble pair, que les listes électorales, quoique affichées de nouveau tous les ans ; restent toujours les mêmes, sauf les rectifications légalement prouvées, et que les décisions de radiation seront notifiées, mais que le recours sera suspensif.

Il a provoqué les commissaires du Roi sur ce point, et, d'après leur explication, il a déclaré s'abstenir de tout amendement, la mention au procès-verbal devant suffire.

§ II. — *Culpabilité du préfet, résultant de l'intention de ravir les droits d'élection aux citoyens.*

C'est déjà beaucoup d'avoir démontré que le préfet a violé les lois ; car s'il n'est pas permis aux citoyens de s'excuser sur l'ignorance de la loi, à plus forte raison cette excuse doit-elle être repoussée à l'égard d'un fonctionnaire dont le premier devoir était de s'en pénétrer, et qui a le

Moniteur sous les yeux; d'un préfet qui, pour s'éclairer, est tenu de prendre l'avis des conseillers de préfecture, ce qu'il n'a pas fait pour radier M. Gaultreau.

Sa culpabilité résulte de son refus d'entendre les réclamans; de la crainte, par lui manifestée, que le candidat ministériel fût repoussé, ce qui en effet est arrivé.

Au reste, pour que Votre Majesté apprécie quel fonctionnaire c'est que M. le marquis de Roussy, il suffira de dire qu'aux élections de 1824, il raya, sans aucune notification, *trois cent quatre-vingts* électeurs, qui ne purent utilement réclamer. C'est par ce procédé monstrueux qu'il a soulevé l'indignation de tous les honnêtes gens de son département.

C'est à ce fonctionnaire que s'appliquait le désaveu de S. E. le président du Conseil des ministres, contre ceux *qui avaient eu un zèle outré.*

C'est pour empêcher le retour de pareils abus que la loi du 2 mai, d'abord relative au seul jury, a été remaniée dans le sein de la Chambre des Pairs.

Faisons ici le tableau des actes de la préfecture en 1827; il sera aussi rembruni que celui de 1824, et il aurait peut-être encore plus porté atteinte aux élections, si des citoyens capables et zélés ne s'étaient réunis pour empêcher le retour des abus.

La liste du 15 août a été rédigée avec le concours des conseillers de préfecture ; l'un d'eux, le sieur Achille de Grimouard, s'est inscrit pour 1247 fr. de contributions, afin de siéger dans le grand collége ; par suite de réclamations successives et réitérées présentées par MM. Proust, Lasalle et Pastureau, le conseil de préfecture et le préfet ont été obligés de le réduire à 890 fr.

Ce même conseiller de préfecture, qui, en 1824, vota au collége du chef-lieu, où ne l'appelaient pas ses impôts, a fait porter son père sur la liste de 1827 ; mais le préfet a été obligé, par suite des mêmes réclamations, de le radier.

Les mêmes citoyens ont obtenu sur le collége du premier arrondissement vingt-quatre radiations, et sur le collége du deuxième, quatorze ; en tout, trente-huit. M. le préfet leur a refusé communication des pièces sans déplacement. — Ne recevant pas de réponse à leur réclamation, ils ont été obligés de faire commettre un huissier le 20 septembre, et de notifier à M. le préfet, par exploit du 21, la production des pièces par eux faites pour divers électeurs, et leur surprise de ce que les rectifications, demandées depuis dix, quinze et même vingt jours, n'étaient pas faites.

L'état des productions est ici joint, il comprend

vingt-cinq citoyens pour le premier arrondissement, et trente-sept pour le deuxième.

On fera remarquer au Conseil de Votre Majesté que le sieur Alonneau (le troisième de la
première liste) fut prévenu *verbalement*, par le
maire, le 29 septembre, qu'il ne serait pas porté
sur la liste, parce qu'il n'avait pas fourni toutes
les pièces; en effet, son acte de naissance n'y
était pas. Le lendemain matin 30, cette pièce fut
remise au portier de M. le préfet, auquel seulement il était permis de recevoir les titres électoraux, sans qu'on pût en retirer un bulletin, ni
par suite vérifier l'inscription sur le registre prescrit par la loi.

La production de ce citoyen étant faite le 13,
un arrêté d'élimination constatant l'insuffisance
de production aurait dû être pris le 15 septembre,
ou au plus tard le 18, date de l'expiration des
cinq jours accordés par la loi, et notifié à domicile; cette disposition n'a point été observée.

M. Lahaye, de Partenay, (n° 6) était inscrit sur
la liste d'office; il n'était tenu à aucune production, il en a fait cependant les 21 et 30 septembre;
il a néanmoins été rayé le 8 octobre, comme
n'ayant pas *justifié*, parce que la production
n'avait pas été faite par lui-même.

M. Dixmier père (n° 13) a produit le 24 septem-

lire des titres de contributions pour 399 fr. 73 c.
Dans la liste définitive, le préfet l'a rayé comme
ne payant pas le cens, et il n'a notifié aucun arrêté..

M. Chabot (n° 16) paie 1271 fr. 12 c., il jouis-
sait du double vote; il n'a pas été porté, quoiqu'on eût fait une production le 2 septembre en
son nom et par son mandat.

M. Jacob (n° 19) était aussi inscrit d'office, il
possède une fortune considérable; il avait fait des
justifications pour 702 fr.; il a été rayé comme
n'ayant pas justifié, sans qu'aucun arrêté lui eût
été notifié.

M. Texier (n° 20) était aussi inscrit sur la liste
d'office, il a néanmoins fait une production le 28
septembre; il n'a pas moins été rayé.

M. Richard aîné (n° 22) a déposé deux fois des
extraits des rôles des contributions en forme, le
28 septembre, pour 378 fr.; il n'a pas moins été
rayé.

Le n° 23 est un électeur des deux colléges
de 1242 fr. 96 c.

Le n° 25, M. Perreau, médecin à Thouars, a fait
une production le 13 et le 24 sept. pour 921 fr. 32 c.
Il a constamment fait partie des colléges électoraux; il devait être porté sur la liste d'office.

M. Perreau Duplessis, son frère, juge-de-paix
d'Argenton-le-Château, avait adressé à la préfec-

ture des pièces pour 1593 fr. Il ne fut inscrit sur la liste du 25 août (qui ne fut affichée ;, malgré l'ordonnance du 4 septembre 1820, que le 29) que pour 512 fr. 25 c. On ne fit complètement droit à sa demande que sur sa menace de se pourvoir.

Sur la liste du deuxième arrondissement, M. Forestier (n° 8) était compris sur la liste d'office ; il a été rayé sans notification, quoiqu'il ait produit le 24 septembre pour 440 fr. 94 c.

Il en est de même du n° 9, du n° 11, du n° 23, et du n° 29.

Les pièces de M. Perrain père (n° 25) ont été remises le 28 par MM. Pastureau et Clerc-Lasalle, en présence de MM. d'Allern et de Chautreau, conseillers de préfecture.

*Le n° 34, M. Paul Magnac, de Mellé, était porté *d'office* aux deux collèges ; il a fait remettre le 28 des pièces pour 1051 fr. 71 c. La cote du moins imposé au grand collège était de 1041 fr. 11 c.; il a été retranché.

M. Roux (n° 35) a produit des pièces pour 476 fr. Il a été rayé sur le quatrième tableau de rectification, et aucune décision ne lui a été notifiée.

M. Auguis (n° 37), père de l'un des plaignans, officier supérieur en retraite, paie 1526 francs 71 c., d'après les pièces produites le 28. On imagine de supposer qu'il est domicilié dans le dé-

partement de la Vienne, quoiqu'il touche sa rè-
traite dans le département des Deux-Sèvres, où il
est né.

C'est par une lettre du 7 octobre, qui ne lui est
arrivée qu'après la clôture des listes, que ce citoyen a été retranché.

Les citoyens ci-dessus nommé sont donné pouvoir de poursuivre, devant le Conseil d'État, la mise
en jugement de M. de Roussy; mais, dès que M. le
procureur général ne prend pas, près du conseil,
l'initiative pour MM. Gaultreau, Auguis et Mounier, il leur faudrait avancer une somme de 1589 fr.
56 c., pour enregistrement de leurs requêtes,
indépendamment des droits de greffe, timbre, etc.
Ils ne veulent pas enrichir le fisc; mais ils sont
prêts à déposer devant la justice.

M. Guiolton, de Coulonge, avait produit, le 20
septembre, des contributions pour 1035 fr. 14 c.;
le préfet, par une lettre du 30, remise à 9 heures
du soir, lui demande des actes de partage;
M. Guiolton demeure à 6 lieues, il arrive le lundi
1er octobre, dans la matinée, avec les actes; on lui
dit qu'il est trop tard; réponse illégale, en ce qu'il
n'avait pas été pris d'arrêté sur sa production le
25 septembre, en ce que la justification requise
pouvait être inutile.

Puisque le préfet a pris jusqu'au 7 octobre, pour

publier les listes, il pouvait et devait faire droit à
la réclamation, puisqu'il ne s'agissait que d'un
complément de production.

Le cens du collége départemental n'était d'abord
que de 900 fr. ; on l'a fait remonter à 1,045 fr. 11 c.,
au moyen des retranchemens prononcés.

RÉSUMÉ.

De tels faits parlent trop haut pour qu'il soit
besoin de les accompagner de réflexions.

Il est malheureusement des fonctionnaires qui
croient servir Votre Majesté par le dol et par la
fraude; Votre Majesté a besoin de connaître les
vœux et les besoins de la nation par ses organes
légitimes; elle ne demande pas les élus des préfets, car ils ne pourraient être que les échos de
l'administration.

Il importe de livrer à la vindicte des lois les
fonctionnaires prévaricateurs; plus ils sont éle-
vés, plus il est nécessaire de faire un exemple.

Il sera salutaire. Quand la responsabilité des
préfets aura été une fois mise en action, personne
ne doutera plus de la force de la loi; la confiance
sera plus forte que jamais; la monarchie y ga-
gnera en stabilité ce que le trône y perdra en
adulations.

A ces causes, plaise à Votre Majesté, en son

conseil, autoriser les supplians à poursuivre de-
vant les tribunaux le sieur marquis de Roussy, tant pour attentat à l'exercice de leurs droits. civiques, que pour détournement de leurs pièces, par suite du refus, fait par le préfet, de les remettre le 19 octobre.

ISAMBERT ,
Avocat aux Conseils du Roi.

PRODUCTION.

1°. Certificat de dépôt des trois plaintes devant M. le juge d'instruction de Niort.

2°. Copie de la plainte originale de M. Auguis.

3°. Bordereau des pièces produites par M. Gaultreau.

4°. État de production des pièces électorales, certifié par MM. Proust, Lasalle et Pastureau.

5° Copie de la sommation du 21 sept. 1827.

PREMIÈRE LETTRE

À SON EXCELLENCE

LE MINISTRE DE L'INTÉRIEUR.

Monseigneur,

Par lettre du 11 de ce mois, M. le conseiller d'État, directeur de l'administration générale des départemens, me fait l'honneur de me demander, au nom de Votre Excellence, des explications sur la requête que j'ai présentée au nom de cinquante-sept électeurs du département des Deux-Sèvres, notamment, en fait, s'il y avait un pouvoir verbal de leur part. Déjà, par une lettre en date d'hier, j'ai annoncé à Votre Excellence que les demandeurs entendaient soutenir, contre la jurisprudence admise par votre prédécesseur, qu'il n'était besoin d'aucun pouvoir pour provoquer l'inscription d'un citoyen ayant la capacité légale pour être électeur, parce que cette inscription est d'ordre et d'intérêt général. La loi, qui veut, autant que possible, épargner aux citoyens les démarches et les frais, a voulu que les préfets portassent d'office sur la liste tous les citoyens qu'ils connaissaient capables. Fournir aux préfets des pièces

ces et documens tendant à établir cette capacité, c'est faciliter aux fonctionnaires institués par elle, les moyens d'accomplir leur devoir, c'est concourir à la perfection des listes, c'est compléter la liste du jury, c'est diminuer la quotité nécessaire pour entrer dans le grand collége.

Nous avons, dans notre requête, déclaré qu'il n'existait pas de pouvoirs authentiques ni sous signature privée conférés par les réclamans à MM. Pastureau, Lasalle et Proust. Nous avons ajouté qu'il y avait mandat verbal et présumé, résultant de la remise des pièces. Le Code civil reconnaît les mandats de cette nature.

De plus, MM. Pastureau, Lasalle et Proust sont électeurs; ils ont donc un intérêt personnel à ce que le collége électoral soit composé comme il doit l'être, afin que l'élection soit l'expression de la volonté du pays, et ne soit pas une fiction, comme cela existe dans les départemens où il y a eu des fraudes qui ont pu vicier la nomination des députés.

Votre Excellence demande en même temps quels sont ceux qui étaient inscrits sur les listes et qui ont été éliminés. Ce sont les dix électeurs dénommés en tête de la requête, à commencer par M. Lahaye de Partenay (j'ai cru qu'elle l'exprimait suffisamment); les autres avaient donné mandat *verbal*, et remis leurs pièces à MM. Proust,

Pastureau et Lasalle, pour être produites en leur nom. Cette production a été faite ; il a plu à M. le marquis de Roussy de considérer cette production comme n'existant pas, en quoi cet administrateur nous paraît avoir violé tous ses devoirs. Quant à la sommation extrajudiciaire adressée à M. le préfet le 21 septembre, elle a été produite par nous à l'appui d'une demande de mise en jugement du marquis de Roussy, qui est déposée au conseil, et pour laquelle M. de Cormenin a été nommé rapporteur (sous le n° 8226).

Il est de mon devoir d'informer Votre Excellence qu'un grand nombre de citoyens du département des Deux-Sèvres me sollicitent verbalement et par lettres de presser la décision de cette affaire, à laquelle ils attachent une grande importance, et que des reproches me sont adressés, sur ce que je ne puis leur faire connaître encore le nom du rapporteur au Conseil d'État; tandisque, dans l'autre affaire, la nomination de ce rapporteur a suivi immédiatement le dépôt de la requête. Je prie Votre Excellence de remarquer que, si la précédente administration a cru pouvoir s'interposer entre ceux qui recourent à la justice du Roi contre les décisions des préfets, il peut en résulter des plaintes légitimes, vu qu'aucune disposition de la loi ne permet d'empêcher la requête d'être soumise au Conseil de Sa Majesté aussitôt qu'elle est présentée. Si le comité chargé de présenter ce projet d'ordonnance décide, sur le rapport de M. le maître des requêtes, qu'il y ait lieu de demander des renseignemens, soit à Votre Excellence, soit au préfet dont la décision émane, votre intervention devient alors nécessaire et légale; mais le Conseil doit être saisi avant tout, car il résulte du texte même de la loi que le recours doit être adressé au Conseil d'État, et non au ministre de l'intérieur.

Une jurisprudence contraire s'est établie sous l'administration de M. de Corbière, et si, comme je le pense, elle est contraire à la loi, elle doit être réformée. Le Conseil a décidé qu'en matière d'élections, on devait, de peur d'arbitraire, s'attacher au texte rigoureux de la loi. J'invoque ce principe; je demande que l'initiative des communications soit laissée, comme de droit, au Conseil d'État lui-même, et cesse d'appartenir à M. le directeur général de l'administration départementale, que la loi ne reconnaît pas.

Ces réflexions, dont je n'ai pas pris l'initiative, me sont commandées par la nécessité de repousser des reproches qui me sont adressés à moi-même sur le retard de vingt jours que vient d'éprouver l'instruction de a requête que j'ai adressée au Roi, en son Conseil, le 19 décembre, qui n'a été enregistrée dans vos bureaux que le 21, et qui ne paraît pas être enregistrée encore au Conseil d'État, puisque je ne connais pas la nomination du rapporteur. C'est dans les commencemens d'une administration, que l'on doit examiner, si les erremens suivis par la précédente sont ou non conformes à la loi.

Je ne sais pas non plus à quel titre on refuse de donner copie des ordonnances qui interviennent sur des requêtes que nous sommes autorisés à déposer au Conseil de Sa Majesté.

Ce recours est exercé dans une forme légale ; c'est une matière évidemment contentieuse, qui n'a été distraite des attributions du comité de ce nom que pour obtenir plus de célérité ; mais, dans le fait, il en résulte des retards préjudiciables aux parties, et absence de discussion contradictoire. Jamais les rapports et les réponses des préfets ne sont communiqués, non plus que les pièces produites contre les demandeurs.

Ou je me trompe fort, ou ce n'est pas là la justice que le législateur a voulu départir aux citoyens, relativement surtout à une matière où l'administration elle-même est partie. Elle est contraire aux habitudes du Conseil, qui s'est toujours plu à étendre le cercle des communications et à se rapprocher des procédés des tribunaux. On peut citer comme modèle ce qui se passe à cet égard dans le comité du contentieux.

.. Je crois donc qu'il faut attribuer cette espèce d'usurpation, commise par le ministère de l'intérieur, sur la juridiction du Conseil, sur les droits de la justice royale, sur les garanties qui sont dues aux citoyens dans cette matière plus que dans toute autre, à la volonté de s'emparer, autant que possible, des élections, tout en paraissant respecter la loi. Une ère nouvelle s'est levée sur la France; les lois des 5 février 1817 et 2 mai 1827 seront exécutées dans un autre esprit que par le précédent ministère.

Je viens donc prier Votre Excellence de vouloir bien transmettre sur-le-champ toutes les pièces de cette affaire au Conseil de Sa Majesté. Je requiers expressément la communication de la réponse qui sera faite par M. de Roussy à la demande de renseignemens qui lui a été adressée, afin que nous puissions répondre aux allégations qui seraient contraires à la vérité, et le convaincre d'avoir sciemment ravi à un grand nombre de citoyens, leur droit d'élection.

J'ai l'honneur d'être, avec un
profond respect,

De Votre Excellence

Le très-humble et très-
obéissant serviteur,
ISAMBERT.

Paris, le 13 janvier 1828.

RÉPONSE

DE SON EXCELLENCE

LE MINISTRE DE L'INTÉRIEUR.

30 janvier 1828.

Monsieur, j'ai reçu vos lettres des 12 et 13 de ce mois, au nom de cinquante-sept citoyens du département des Deux-Sèvres, qui se plaignent de ce que le préfet a refusé d'inscrire les uns et de maintenir les autres sur la première partie de la liste du jury.

Vos lettres contiennent les explications que je vous avais demandées le 11 janvier pour l'instruction de cette affaire, et en même temps des observations, 1° sur la forme dans laquelle les requêtes de cette nature sont introduites au Conseil d'État, 2° sur le refus qui aurait été fait à MM. les avocats aux Conseils de leur délivrer copie des ordonnances intervenues.

La marche, objet de vos observations, tracée d'après un avis du Conseil d'État, a toujours été la même depuis qu'on a fait usage pour la première fois de la faculté réservée par l'article 6 de la loi du 5 février 1817. Ce Conseil a récemment examiné s'il n'y avait pas lieu de la modifier, et il

3

a été d'avis de la maintenir (1). Je ne me refuse pas toutefois à provoquer un nouvel examen, et je m'en occuperai incessamment.

A l'égard des copies des ordonnances, elles sont transmises immédiatement aux préfets, dans le but de hâter la notification, et, s'il y a lieu, l'inscription électorale. Il n'y a point de traces dans mes bureaux que ces copies aient été réclamées par MM. les avocats des parties. Quoi qu'il en soit, elles seront désormais délivrées sur leur demande, ce qui n'empêchera pas la transmission directe aux préfets (2).

Agréez, etc.

Signé MARTIGNAC.

(1) Un avis du comité de l'intérieur ne peut pas l'emporter sur la disposition expresse de la loi.

(2) Le ministre ne répond pas à l'observation relative au refus de communication des pièces et réponses fournies par les préfets contre les pourvois des électeurs.

DEUXIÈME LETTRE

A SON EXCELLENCE

LE MINISTRE DE L'INTÉRIEUR.

Monseigneur,

« En déniant à la Chambre des députés le droit de porter ses investigations sur les inscriptions électorales ; Votre Excellence a dit qu'elle était ennemie de la fraude et du mensonge ; que le Ministère actuel les combattrait sous quelques couleurs qu'ils se montrent ; que les lois doivent être exécutées régulièrement, telles qu'elles ont été promulguées, avec franchise et loyauté.

Vous avez dit que les réclamations en cette matière étaient affranchies de tous frais, afin que chacun put avoir la faculté d'adresser les réclamations que l'intérêt général lui aurait suggérées, et que nul ne put cesser de faire partie d'une liste qu'en vertu d'un jugement et d'une décision motivée.

En terminant vous avez dit que vous veilleriez à la stricte exécution des lois existantes.

Pour mon compte, je n'avais pas besoin de ces déclarations explicites pour demeurer convaincu que la probite politique était le caractère distinctif du Ministère actuel ; mais, Monseigneur, il faut que les faits soient à l'avenir d'accord avec les promesses. Je sais que Votre Excellence n'a pu rien faire encore ; ainsi, elle ne verra rien qui ressemble à un reproche ou à une défiance déplacée dans les observations que je crois de mon devoir, comme citoyen, de lui soumettre.

Le débat au Conseil, en matière électorale, n'est pas contradictoire ; les pièces adressées par les préfets, ne sont pas communiquées aux avocats aux Conseils ; il peut donc y avoir mensonge, fraude même, sans qu'ils puissent la démasquer et la dénoncer ; d'un autre côté, le Conseil d'État n'est pas saisi directement, et cependant la loi le déclare en termes exprès et absolus.

Les pourvois adressés au secrétariat général du Conseil, sont renvoyés à Votre Excellence. Pourquoi le Ministre de la justice ne serait-il pas chargé de nommer aussitôt le rapporteur sans votre intervention ?

Oppose-t-on la considération des frais et droits de greffe ? Mais d'abord rien ne peut justifier la violation de la loi ; ensuite M. le secrétaire général a renoncé aux droits que lui attribuent les réglemens. Les requêtes peuvent être reçues sans être enregistrees, ni timbrées. Il suffit que l'avis du Conseil d'État, contraire à cet ordre de choses, soit rapporté.

J'appelle également l'attention de Votre Excellence sur ce point.

Un grand nombre d'arrêtés de préfet, en cette matière, sont libellés ainsi : Le préfet, *statuant en conseil de préfecture*..... ; sans qu'il soit attesté par la signature des conseillers de préfecture qu'il ont réellement délibéré. Le Conseil a rejeté cette nullité, et cependant la loi exige le concours du conseil de préfecture , garantie bien faible, en l'état de dépendance où se trouvent les conseillers de préfecture. Si on veut exécuter la loi avec loyauté, il faut exiger que tous les membres signent par adhésion ; s'ils sont d'un avis contraire à celui du préfet, il faut que cela soit exprimé formellement, autrement, il y a mensonge. La garantie de la loi est violée.

Comme tout doit être public en cette matière, il faut que le prétoire du conseil de préfecture soit ouvert au public, comme pour le recrutement de l'armée.

Quand le conseil juge des questions électorales, il faudrait aussi que ses séances fussent publiques, ou qu'au moins l'avocat des parties put y assister, sans cela le rapport peut contenir des erreurs, omissions de pièces, et la religion du conseil peut être surprise bien involontairement sans doute.

Elle peut l'être, même sans qu'il y ait, de la part du rapporteur, aucune mauvaise intention. Il suffit, pour la décharge de sa conscience, qu'il croie que la pièce n'a pas l'importance que la partie y attache.

Assurément les magistrats de la Cour de cassation sont bien consciencieux; et, comme ils savent que leurs erreurs ou omissions seront relevés par les avocats des parties, ils sont avertis de ne rien négliger; cependant, n'arrive-t-il pas tous les jours que la Cour se trouve avertie, par le défenseur des parties, de l'importance des pièces produites, de l'enchaînement des preuves et des argumens?

Ainsi, Monseigneur, il n'y aura pleine garantie en matière électorale, que quand tout se décidera publiquement devant les corps administratifs, aussi bien que devant les tribunaux.

Votre Excellence s'est élevée contre le droit que la Chambre des députés veut s'attribuer de contrôler les inscriptions. Jamais la Chambre ne voudra tenir pour vrai un fait déclaré faux par une Cour royale, parce que là, il y a publicité, débat contradictoire, et que tous les moyens de découvrir la vérité ont été librement produits et discutés.

En est-il de même des faits déclarés constans
par un préfet? Cela dépend de la confiance qu'il
inspire, et s'il est démontré qu'il a d'ailleurs usé
de fraudes, s'il a employé des influences illégi-
times, il est évident que la Chambre des députés
n'est pas enchaînée par l'opinion d'un préfet.

S'il s'agit d'une décision prise en Conseil d'É-
tat, la chose est bien différente, et certes pas
une voix ne s'élèverait dans la Chambre pour
contester un fait déclaré constant par une Ordonnance royale, il ne peut plus y avoir qu'une
question de principe.

Toutefois, reste à savoir, si les décisions du
Conseil d'État auront la même autorité que les
arrêts des Cours; tant qu'il sera possible de glisser
au dossier des pièces dont l'avocat de la partie
n'aura eu nulle connaissance, et qui peuvent
être fausses ou altérées.

De plus, il ne faut jamais perdre de vue que
dans le précédent système, les citoyens ne pouvaient se faire délivrer les extraits des rôles pour
convaincre les listes préfectoriales de mensonge
et d'inexactitude; que la découverte de la vérité,
a pu ne venir que de connaissances postérieures;
c'est donc avec raison, que la Chambre en pareil
cas, sans reviser les listes, ne se regarde pas
comme liée par les décisions préfectoriales.

Je prie Votre Excellence de me pardonner ces

observations, elles prouvent la confiance que j'ai dans les Ministres actuels ; je ne me serais permis rien de semblable auprès du dernier ministère, bien sûr que c'aurait été paroles perdues.

Je suis, avec respect,

De Votre Excellence

Le très-humble et très-obéissant serviteur,

ISAMBERT.

Paris, le 13 février 1828.

IMPRIMERIE DE MARCHAND DU BREUIL,
rue de la Harpe, n° 80.